Für meinen Enkel Alexander   K. L.

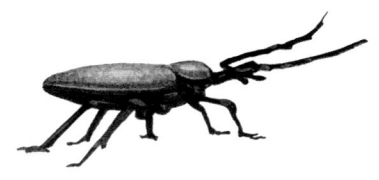

Lektorat: Wendy Boase/David Bennet/Peter Pagendarm

Dieses Buch erschien gleichzeitig in England unter dem Titel
„Night time animals – As large as life"
bei Walker Books Ltd, London
Copyright der Illustrationen: © 1985 Kenneth Lilly
© 1985 Walker Books

Deutsche Verse von Josef Guggenmos
Deutsche Übertragung „Mini-Zoo in Wort und Bild" von A. J. Peter

Alle Rechte an der deutschen Ausgabe vorbehalten – Printed in Italy
Für die deutsche Ausgabe:
© Verlag Herder Freiburg im Breisgau 1985
Satz: Freiburger Graphische Betriebe
Druck und Einband: L.E.G.O., Vicenza, Italien
ISBN 3-451-20416-9

Mein lebensgroßer Mini-Zoo

Kleine Nachttiere

Bilder von Kenneth Lilly
Verse von Josef Guggenmos

Herder Freiburg · Basel · Wien

Feldhase

Mohn und Margerite blühn.
Ich knabbre ein Löwenzahnblatt.
Habt ihr es in euren Häusern so schön,
ihr Menschen in der Stadt?

Indischer Flughund

Komme ich dir seltsam vor,
fast wie ein Vampir?
Nach süßen Früchten flieg ich aus,
hab keine Angst vor mir!

Chinchilla

Naht ein Mensch?
Ach, unser Fell
ist gar zu schön:
seidigweich, silberhell.

Aga-Riesenkröte

Schön ist's für mich, am Abend
übers Moos zu tappen.
Wär ich nicht giftig, manches Tier
würde nach mir schnappen.

Waldmaus

Ich hab mich getraut, ich stieg auf den Baum.
Lustig ist's, oben zu sitzen.
Von saftigen Äpfeln kann ich mir
leckere Bröcklein stibitzen.

Königsantilope

Klein wie ein Hase,
gut versteckt,
schlüpf ich durch die Pflanzen
und nasche, was mir schmeckt.

Fennek

Mit großen Ohren lausche ich.
Sandfarben ist mein Fell.
Zur Nachtzeit streif ich durch die Wüste.
Klug muß ich sein und schnell.

Elfenkauz

Gleich starten wir. Am Tage saßen wir versteckt im Kaktus, der sich turmhoch in der Wüste reckt.

Igel

Willst du uns streicheln? Tu es nicht!
Wir tragen Stachelkleider.
Daß uns der Fuchs nicht fressen kann,
brauchen wir sie leider.

Mausmaki

Möchtest du ein Äfflein sein?
Wir tummeln uns in Blütenpracht
auf der Insel Madagaskar.
Herrlich ist die Tropennacht.

Mini-Zoo in Wort und Bild

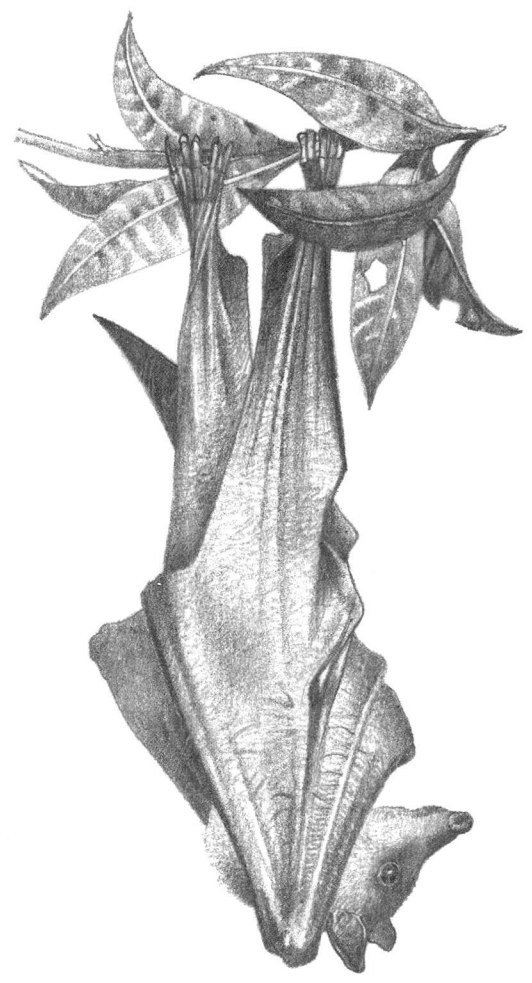

Indischer Flughund
(Pteropus giganteus)

Tagsüber schlafen die Flughunde zu Tausenden eng beieinander in den Wäldern und im Buschland Südost-Asiens. Bei Sonnenuntergang fliegen sie los und sehen dann wie eine riesige schwarze Wolke am Himmel aus. Diese großen Fledermäuse können bei Nacht ausgezeichnet sehen und haben einen besonders guten Geruchsinn. Mit ihren mächtigen Flügeln, deren Spannweite bis zu 1,5 m beträgt, schweben sie fast lautlos durch die Nacht und suchen ihre Nahrung: wilde Feigen, Mangos, Bananen und andere Früchte. Flughunde fliegen ziemlich langsam, sind dabei aber sehr ausdauernd. Mit ihren Krallen können sie sich sicher an den Ästen der Bäume und Sträucher festklammern. Am frühen Morgen kehren sie zum Schlafen wieder zu ihren Ruheplätzen zurück. Vor dem Einschlafen sind sie meist noch sehr unruhig und laut. Schließlich krallen sie sich aber mit einem oder beiden Füßen an einen Ast und schlafen ein; dabei halten sie den Kopf nach unten gesenkt und an die Brust gedrückt, während ihre Flügel den Körper schützend umspannen. Der Indische Flughund wird auch *Flugfuchs* genannt, weil sein Kopf dem eines Fuchses ähnelt.

Feldhase
(Lepus capensis)

Der braune Feldhase ist in ganz Europa zu Hause. Man findet ihn aber auch in Afrika, wo er als *Kap-* oder *Wüstenhase* bezeichnet wird, und in anderen Kontinenten. Er lebt bei uns in Feldern und Wäldern, in der Heide und in den Sanddünen am Meer, oft in der Nähe von Äckern. Jeder Feldhase hat sein eigenes Revier. Dort legt er seine Pfade an und hält diese sorgfältig frei, indem er die Schößlinge der Pflanzen immer wieder abbeißt. Man kann Hasen manchmal auch tagsüber sehen, meistens ruhen sie dann jedoch und gehen erst nachts auf Nahrungssuche. Sie verspeisen alle möglichen Gräser, Blumen, Wurzeln, Beeren, Früchte und Gemüse aller Art. Bei Gefahr verharren sie regungslos – erst im letzten Augenblick bringen sie sich mit einem gewaltigen Satz in Sicherheit und stieben davon. Der Feldhase wird zwischen 44 und 76 cm groß und von Füchsen, Wildkatzen, Wieseln, Raubvögeln, aber auch vom Menschen, gejagt. Während der Paarungszeit im März bekämpfen sich die männlichen Hasen mit ganz erstaunlichen Kräften: Sie springen und hopsen aufeinander und treten und jagen sich solange, bis der Sieger feststeht.

Chinchilla
(Chinchilla laniger)

Das Fell des Chinchilla ist wunderbar weich, und jedes Haar spaltet sich noch einmal in ungefähr 20 feinere Haare. Das Fell ist so dicht, daß Flöhe und Läuse nicht darin leben können. Wegen ihres kostbaren Fells wurden die Chinchillas fast gänzlich ausgerottet. Nun sind sie durch das Gesetz geschützt, doch in freier Wildbahn gibt es sie kaum mehr. Diese seltenen Chinchillas leben in kleinen Gruppen hoch oben in den bolivianischen und chilenischen Anden. Bei Sonnenuntergang kommen sie aus ihren Behausungen und springen munter auf ihren kleinen Pfoten herum; ihr Schwanz ringelt sich dabei in die Höhe. Der Schwanz kann bis zu 15 cm lang werden, der Körper mißt zwischen 22 und 28 cm Länge. Chinchillas nagen an allen Pflanzen, die sie im Gebirge finden können, doch beim geringsten Anzeichen von Gefahr stoßen sie einen lauten Warnschrei aus und huschen in ihre Erdbauten.

Aga-Riesenkröte
(Bufo marinus)

Diese mächtige Kröte wird zwischen 10 und 24 cm lang, wiegt über 1 kg und hat einen gewaltigen Appetit. Sie frißt alles Lebendige, was sie verschlucken kann: Insekten, Käfer, Mäuse, Vögel und Schlangen. Tagsüber versteckt sich diese Riesenkröte in Erdlöchern, unter Blättern, Baumstümpfen und Steinen, wo es feucht ist. In der Dämmerung hüpft sie dann heraus und geht auf Nahrungssuche. Aga-Riesenkröten leben an Teichen und Sümpfen, in Gärten, auf den Feldern und sogar in bewohnten Siedlungen im Süden von Texas, in Mexiko sowie in Mittel- und Südamerika. Sie kommen jetzt auch in Gegenden vor, wo Rohrzucker angebaut wird, denn sie verspeisen besonders gern die Zucker-Käfer. Sie selbst haben jedoch nur wenige Feinde. Die Aga-Riesenkröte trägt auf ihrem Rücken nämlich zahlreiche Giftdrüsen, und dieses Gift brennt und schmerzt heftig in den Mäulern der Tiere, die dumm genug sind, die Kröte anzugreifen.

Waldmaus
(Apodemus sylvaticus)

Die Waldmaus ist ein behender Kletterer, kann aber auch sehr schnell rennen und weit springen. Sie bewegt sich unglaublich flink, und wenn sie überrascht wird, hüpft sie davon wie ein winziges Känguruh. Ihr Schwanz ist fast so lang wie der ganze Körper, das können bis zu 11 cm sein.
Dieses kleine Nagetier lebt in den Wäldern, Hecken, Sträuchern und Gärten bei uns in Europa, in Nordafrika und in Teilen Asiens. Die Waldmaus hält sich tagsüber unter der Erde in einem weitverzweigten Netz von Gängen und Höhlen auf. Nachts kommt sie heraus und sucht sich ihre Nahrung: Samen, Beeren, Insekten, Würmer und Spinnen, aber auch Früchte. Im Herbst horten die Waldmäuse soviel Nahrung in ihren Höhlen, daß sie gut versorgt durch den Winter kommen.

Mini-Zoo in Wort und Bild

Fennek
(Fennecus zerda)

Der Fennek ist der kleinste Fuchs und hat die größten Ohren. Sein Körper wird etwa 35 cm lang, die Ohren 15 cm oder noch länger. Mit ihnen kann er die geringsten Bewegungen von Insekten unterm Wüstensand hören. Der Fennek lebt in den Wüsten Nordafrikas und Arabiens. Er frißt überwiegend Insekten, besonders Heuschrecken, sucht aber auch Ratten, Eidechsen, Vögel und ihre Eier sowie Wurzeln und Früchte. Was er nicht mehr fressen kann, vergräbt er als Vorrat im Sand, denn jede Nahrung ist in der Wüste kostbar, nichts wird verschwendet. Tagsüber bleibt der Wüstenfuchs in seinem Bau unter der Erde, um sich vor der sengenden Hitze zu schützen. Mit seinen großen Ohren fächert er sich Kühlung zu. Nachts, wenn es in der Wüste zuweilen bitter kalt wird, wärmt ihn sein dickes, seidiges Fell.

Königsantilope
(Neotragus pygmaeus)

Die kleinste Antilope der Welt ist kaum größer als ein Hase. Ihre Heimat ist Westafrika, wo man dieses Kleinstböckchen auch „König der Hasen" nennt. Die Königsantilope ist besonders wendig und schlau. Sie kennt ihren Lebensraum ganz genau. Und da sie so klein und flink ist, wird sie von anderen Tieren wie Vögeln und Schlangen, aber auch von Menschen, die ihr nachstellen, nur selten entdeckt. Dazu kommt noch, daß die Königsantilope sehr weit springen kann und deshalb kaum zu fangen ist. Wenn sie erschrickt, schafft sie bis zu 3 m mit einem einzigen Sprung – dabei ist sie nur 25 cm klein! Dieses scheue, im Verborgenen lebende Tier ist in der Dämmerung und nachts in den tropischen Regenwäldern unterwegs und ernährt sich von Blättern, Blüten, jungen Pflanzen, Pilzen, Früchten und zarten Gräsern. Gelegentlich wagen sich Königsantilopen im Schutz der Nacht aber auch schon einmal bis zu den Gemüse-, Kakao- oder Erdnußpflanzungen der einheimischen Bevölkerung hinaus.

Elfenkauz
(Micrathene whitneyi)

Diese kleine Eule haust am liebsten hoch oben in den Spechtlöchern der mächtigen Saguaro-Kakteen. Der Saguaro, der im Südwesten Nordamerikas und in Mexiko vorkommt, ist der größte Kaktus der Welt und kann bis zu 15 m hoch werden. Tagsüber hockt der Kauz regungslos in der Spechthöhle oder verborgen im dichten Blätterwerk. In der Dämmerung fliegt er los und sucht nach Nahrung. Zur selben Zeit kehrt der Specht zum Schlafen in seine Höhle zurück. Jetzt ist der Saguaro voll von Vogellärm. Der winzige, nur 15 cm große Elfenkauz hat eine überraschend laute Stimme. Flink und nahezu geräuschlos gleitet er durch die Nacht, nichts entgeht seinem scharfen Blick und seinem guten Gehör. Schnell hüpft er von Ast zu Ast und lauert mal hier, mal da auf Insekten oder kleine Kriech- und Nagetiere. Manchmal schnappt sich der kleine Kauz die Insekten auch im Flug.

Igel
(Erinaceus europaeus)

Dieser uns allen bekannte Braunbrustigel lebt in ganz Westeuropa. Er bewegt sich auf seinen kurzen Beinen flott vorwärts und kann sehr zutraulich sein. Er weiß aber auch genau, daß er, wenn er sich blitzschnell zu einer Kugel zusammenrollt und seine spitzen Stacheln aufrichtet, fast alle seine Feinde abschreckt. Ungefähr 16000 Stacheln schützen seinen Rücken! Igel werden nur zwischen 13 bis 27 cm lang, dennoch sind sie zuweilen recht geräuschvoll: Sie schnüffeln und schnauben, während sie nach Nahrung suchen – und manchmal schnarchen sie sogar laut in ihren Nestern. Der Igel baut sich sein Nest aus Moos und Laub unter Sträuchern und im Wurzelwerk von Bäumen. Oft begegnet man ihm nicht nur in den Wäldern, sondern auch in Parkanlagen und Gärten. Tagsüber schläft er, nachts streift er durch sein Gebiet. Dann sucht er Larven, Schnecken, Käfer und Würmer, ja er verspeist eigentlich alles, was ihm schmackhaft vorkommt. Im Winter hält der Igel Winterschlaf. Sobald die Temperaturen absinken, „igelt" sich der Igel ein und schläft ungefähr sechs Monate lang.

Mausmaki
(Microcebus murinus)

Mausmakis sind lärmende, flinke Kletterkünstler, die in den dichten Tropenwäldern Madagaskars leben. Mit seinen starken Fingern und Zehen kann sich der Mausmaki sicher hoch oben in den Bäumen von Ast zu Ast fortbewegen. Sein kräftiger Schwanz dient ihm dabei als Stütze und zum Auspendeln des Gleichgewichts. Der Schwanz des Mausmaki ist so lang wie der ganze Körper, etwa 12 bis 15 cm. Mit Hilfe seiner großen Ohren und Augen kann er Insekten bei Nacht aufspüren und erbeuten. Mausmakis verzehren daneben aber auch reichlich Früchte, Blätter und Blütenknospen. Nachts ist der Regenwald erfüllt von ihrem lauten Gekreisch. Tagsüber schlafen die Tiere dagegen. Manchmal hocken bis zu 15 Mausmakis zusammen in einer Baumhöhle oder in einem Nest aus Blättern. Während der heißen, trockenen Jahreszeit schlafen die Mausmakis fast ständig; sie leben dann von den Fettreserven, die sie in ihrem Körper und im Schwanz angesammelt haben. Trotz seines Namens ist der scheue Mausmaki keine Maus, sondern ein kleiner Halbaffe.

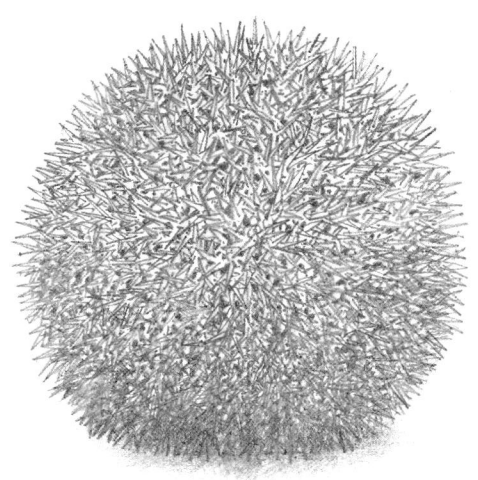